AF250973

A BAS
LA GUERRE

CLICHY. Imp. Paul Dupont, rue du Bac-d'Asnières, 12.

A BAS
LA GUERRE

PAR

GEORGES DEVILLE

PRIX : **50** CENTIMES

PARIS

E. LACHAUD, ÉDITEUR

4, PLACE DU THÉATRE-FRANÇAIS, 4

—

1871

A BAS

LA GUERRE

————⫸∘∘∘◦○○○◦∘∘⫷————

Notre siècle aura vu naître d'innombrables merveilles, chefs-d'œuvre de l'intelligence que nous admirons et qui excitent les puissances à se disputer la palme de la supériorité.

Cette louable émulation est, sans doute, avec le patriotisme, la base de l'élévation successive des peuples vers des voies meilleures, mais cette surprenante fécondité appliquée à l'industrie belliqueuse a fait de la guerre un véritable massacre, que la plume ne saurait dépeindre tellement il attriste et soulève le cœur.

Nous en avons eu des preuves. Munis d'instruments capables des plus prodigieux effets, les hommes ne furent jamais plus éloignés de se mesurer, et quoique cela, nous avons vu la guerre debout, escortée de tout son odieux cortége, que le perfectionnement a rendu si terrible.

Que signifient ces batailles, ces canons et ces fusils d'il y a vingt ans, ainsi que les trente ou quarante mille soldats que les nations mettaient en ligne ?

Plus de rencontres uniquement subordonnées à l'habileté d'un général et au courage des combattants, puisque la valeur s'efface devant des ennemis plus nombreux que vous.

Autrefois, la guerre consistait dans l'expérience d'un commandant ; aujourd'hui, nous ne vainquons qu'avec l'importance numérique et la férocité des engins. L'on en est arrivé à s'exterminer à des distances infinies ; en conséquence, c'est aux procédés les plus foudroyants que sont accordés les trophées de la victoire.

Le progrès qui a gratifié de sa séve généreuse les routes de l'humanité devait nous procurer les moyens de destruction que nous possédons. Ils déciment avec une telle promptitude que l'on est presque tenté de regretter l'essor imprimé aux diverses faces de l'industrie en songeant aux inventions récentes conçues pour anéantir de malheureuses créatures qui ne demandent que la concorde.

Horreur, vraiment, que tous ces morts dont l'esprit et les bras étaient appelés à rendre des services si précieux ! de nouveaux venus leur succèdent sans cesse, assurément, mais ces pertes sont-elles, par cela même, indignes de notre commisération?

Gardiens du foyer, il faut vous préparer aux plus rudes épreuves.

Effroyables séparations, ruines, espérances dissipées, c'est là votre part.

Quel désespoir, n'est-ce pas, pour l'inoffensive épouse sans ressources et réduite, avec ses enfants, au plus complet dénûment!

Est-il une situation plus émouvante que celle de la jeune veuve, abattue par la douleur? C'est à peine si elle peut contempler ces outils, cette plume presque encore humide qui gît sur le papier, paraissant attendre le maître absent, cette ébauche demandant les derniers embellissements de son auteur, ou ce bloc de marbre dont les formes indécises accusent néanmoins tant de hardiesse et d'originalité.

Saisissants tableaux pour les éprouvés!

Ce n'est rien encore. Combien devra pâtir, l'enfant qui n'avait qu'un soutien, son père, sur lequel il concentrait toute son affection, toute sa tendresse; son père, ce constant protecteur qui lui aurait assuré, par ses conseils et sa direction, tous les moyens de conjurer la misère.

Le voilà également abandonné.

Les sains préceptes ont-ils suffisamment nourri son tendre cerveau pour le protéger contre l'assaut des passions?

Là est son avenir.

Et, pour décrire le supplice de la pauvre mère, est-il une expression assez vive, assez pathétique ? Peut-être ne pourra-t-elle pas le supporter ; elle n'aura même pas le soulagement de couvrir ce corps adoré de ses larmes, de ses baisers. Tu espérais que la fortune allait te le ramener ; à chaque instant tu croyais l'entendre ; c'en était un autre, et maintenant tu redoutes les heures comme ne devant plus être pour toi qu'un redoublement de ton martyre.

Cependant tu n'es pas seule à te lamenter : la fiancée, accablée par la désolation, a perdu celui qui allait être son époux.

Ange de douceur et de bonté, ton être si pur s'était consacré à un amour éternel ; ce n'était qu'un rêve mystificateur.

Tu dois tout oublier, si tu veux que ton existence ne devienne pas insipide et amère.

Tu méritais, sans doute, une juste récompense due à ta vertu, et le sort a changé le voile blanc de l'allégresse en un sombre voile noir qui cache tes pleurs et ton désespoir.

Telle est la tyrannie qui pèse sur la famille que l'on se représente courroucée contre les fureurs de la guerre.

Parcourez mentalement le vaste champ de bataille et songez aux agonisants.

Auprès des blessés s'empressent la médecine et

la religion, l'une soulage par ses soins empressés, l'autre prodigue ses pieuses consolations. Qu'y at-il de plus touchant que ces dévoués praticiens de la science et du bien exerçant leur imposant ministère sous une pluie de projectiles !

Peut-être tomberont-ils à leur tour, mais ils méprisent le danger devant la plaie qui saigne et le délire. Ils ne se contentent pas d'affronter la mitraille, ils abordent respectueusement et sans trembler ceux qu'elle a déjà renversés; leur ardeur est infatigable, tellement ils sont pénétrés d'abnégation.

Ils pourraient nous dire si ces abominations sont à la hauteur de notre âge, mais ils restent muets ; silence édifiant qui équivaut à un blâme, car en eux gronde la plus complète répulsion. Quelle défaillance y aurait-il, au reste, à le reconnaître ? les organisations froides, privées de toute sensibilité, ne sont-elles pas les seules qui restent impassibles en présence de têtes et de jambes coupées? Saccages concevables sous le vandalisme, mais qui, à notre époque, dégradent et avilissent ceux qui les prescrivent.

C'est cette honte que devraient leur inspirer ces bouches déchirées, contrefaites par des souffrances intolérables et ces pâles figures exprimant une digne résignation. Ceux-là ne sont pas des lâches, leurs supplications ne sont pas celles du courage chancelant au bord de la tombe, mais celles du brave qui regrette d'expirer si tôt quand d'autres ont encore à gémir. Je ne parle pas des mauvais serviteurs qui reculent devant le danger, ceux-là disparaissent toujours trop tard, je veux citer au contraire ceux dont la conduite mérite l'admiration générale.

Outre ces tortures, et en isolant même l'homme des divers degrés de parenté qui le retiennent à la vie, n'a-t-il pas des intérêts auxquels il s'est voué tout entier? Aussi est-ce folie que de considérer l'orphelin, par exemple, comme privé de toute attraction terrestre.

Sans entrer dans d'autres considérations, le souffle vital ne devrait-il pas s'éteindre de lui-même à l'abri des rois guerroyeurs guidés, le plus souvent, par cette satanique ambition, la perte des monarques et de ceux qu'elle tient dans ses griffes? Si les hommes ont eu tant de fois le courage de s'entre-tuer, qu'ils aient au moins celui de se tendre la main et qu'ils opèrent ce rapprochement malgré la ténacité de quiconque voudrait le contrarier; car, en dehors des afflictions que je viens d'énumérer, que serait-ce si nous franchissions la limite des infortunes domestiques pour envisager le chapitre pécuniaire de l'élément dévastateur !

Que d'améliorations et de bienfaits pouvaient être accomplis avec tout l'or enfoui sous les lambeaux de chair dont le sol est couvert !

Combien de temps faudra-t-il pour combler l'abîme?

Moissons, qu'êtes-vous devenues?

Forêts, où êtes-vous?

La nature atteste ses pertes par son bouleversement, elle parle aux sens qui s'agitent sur les traces du carnage.

La terre délaissée, au signal du départ, n'offre plus qu'une complète stérilité; la charrue séjourne dans l'étable où dépérit le bétail, l'orgueil du laboureur. La chaumière et le pécule d'humbles villageois disparaîtront sous les coups de l'ennemi; ce ne sera pas seulement une période précaire à traverser, mais une position relativement aisée à reconstituer. Passe encore pour la jeunesse; mais qu'attendre du destin quand vous n'avez plus devant vous des années indispensables au rétablissement du bien perdu? De là, extinction totale des dédommagements assurés à une longue et pénible carrière; c'est pourquoi, survivants, vos sanglots semblent signifier qu'il eût été préférable de ne plus revenir au gîte, et l'opinion publique partage vos peines.

Campagnes, en effet, dans quelle pénurie vous voilà plongées!

Jusqu'aux rivières qui trahissent l'acharnement de la mêlée en charriant une foule de trépassés! scènes épouvantables ne pouvant engendrer que la consternation jointe au dégoût! Et malgré cela, la guerre existe encore!

Que ceux qui croyaient à sa déchéance ne désespèrent pas néanmoins de la voir dénigrée.

Les nations apprendront à la mépriser.

D'une part, qu'elles se rappellent que derrière elle se cachent les plus beaux triomphes, mais parfois les plus perfides calamités ; de l'autre, que l'instinct de la conservation les écarte de ces meurtrières dissensions.

Sagesse ! conseillez-les, éteignez leur soif de domination, cause de tant de malheurs, et elles parviendront à s'épargner toutes ces âpretés. Tout citoyen se doit incontestablement à sa patrie, mais s'il est sublime de se sacrifier pour elle, il n'est pas moins enviable, pour un gouvernement quel qu'il soit, de savoir soustraire les siens à cette fin prématurée.

Quoi ! nous pourrions rester inactifs sans chercher à neutraliser les divers mobiles de pareils désastres !

Efforçons-nous de faire adopter une bienfaisante détermination.

Qu'un jury international soit enfin institué pour statuer sur les différends qui viendraient à surgir. Bien qu'étant dans l'impossibilité de trancher complétement la question, qu'il dénonce ouvertement le véritable promoteur de la querelle et qu'il rassemble sous le drapeau offensé toutes les autres contrées réunies.

Il ne se trouvera plus de provocateur quand il

s'agira de l'emporter, non pas sur une armée, mais sur plusieurs armées s'opposant, au nom de la convention, à de pures prétentions ou à de fausses susceptibilités.

L'équilibre européen n'est pas un vulgaire argument émis à la légère; nous le reconnaissons comme le lien nécessaire à la stabilité des enchaînements territoriaux; ne parvient-il pas à maintenir les races dans leurs limites respectives?

Songeons aux conséquences de la moindre atteinte portée à cette harmonie. Une telle appréhension doit suffire à nous faire détester la guerre comme la plus horrible des catastrophes; aussi travaillons à sa ruine, et, par nos efforts, qu'il nous soit accordé de l'achever! Nous savons maintenant tous les dévouements que la guerre réclame; dans de telles conditions, elle devient une énormité.

Souhaitons que des obstacles insurmontables paralysent ceux qui oseraient lui demander l'accomplissement de leurs desseins.

S'il était notoire que les nations fussent divisées par une insurmontable inimitié, rendant toute conciliation irréalisable, elles pourraient s'égorger sans que nous ayons la pensée de leur proposer la constitution d'un tribunal appelé à faire respecter l'intégrité de leurs possessions; mais il n'en est pas ainsi, elles peuvent aisément s'unir et le succès leur est assuré. Veuillez et vous pourrez; soyez grandes par vos institutions, par votre libéralisme.

Glorifiez-vous de vos nationalités sous l'égide de la modération en les soumettant à des règles dépourvues de toute animosité. Apprenez à détester les préjugés pour vous communiquer cette haine ; il n'est besoin que de les déclarer voleurs de l'individualité, cette faculté qui fait que l'on est quelque chose.

Les disciples de cette stupide méthode se croient infaillibles, quoiqu'ils suivent le sentier de l'absurdité. Soit que cette secte se sente trop perverse ou trop ignorante pour discerner le vrai du faux, elle obéit au désordre et à la bêtise. Les idées empruntées à des formules préconçues ne sont-elles pas pernicieuses ?

De ce qu'il est nuisible de retirer à l'opinion son indépendance, il ne s'ensuit pas qu'elle puisse être recherchée avec acharnement et précipitation. Celui-ci n'est pas assez doué de virilité pour la patronner ; celui-là est entraîné par la vanité qui lui fait éviter la marche des transformations successives imposées au talent naissant, et, conformément à son impatience, il arbore, à son pavillon, les couleurs les plus criardes, c'est-à-dire la critique partiale dirigée indistinctement contre toute notabilité. Nous voyons constamment des inconnus se jeter en pleine opposition pour se voir prônés, montrés au doigt ; ils remplissent le rôle de présomptueux dans cette frivole intention. Pour eux, l'obscurité est un boulet qu'ils traînent et dont ils cherchent à briser la chaîne, sachant que la critique acariâtre mène plus vite à la célébrité qu'une appréciation sincère de la politique. C'est entre ces deux extrêmes que se trouve la matière d'où l'on extrait, quand on la façonne savamment, la sérieuse érudition, parce qu'elle provient d'une source limpide que n'ont pas agitée les révoltes de la conscience.

Pourquoi ne pas adopter cette sphère, notre instruction première nous refusant même d'envisager une place parmi les élus, ce qui n'est pas accordé à tous.

Quant aux diffamateurs de l'opulence, de la noblesse et des dignités, qu'ils désertent le champ des exaspérations et qu'ils se réveillent subjugués par les rayons de la lumière révélatrice. Alors, ô magique espoir ! c'en sera fait des discordes, nous pourrons assister au combat grandiose des rivalités paisibles qui tendent, non pas aux hécatombes, mais à la renommée des arts, des sciences, des lettres.

Les hommes auront enfin compris que nous sommes plutôt sur terre pour acquérir en retour de nos peines qu'au prix de notre sang ; pour eux, la guerre n'aura plus de raison d'être.

C'est à leur sagacité que nous devrons l'amitié constante qui les laissera vivre heureux grâce à leur expérience.

A ces considérations se rattache l'Empire.

N'est-ce pas lui qui a entrepris la dernière

guerre, depuis laquelle il n'a essuyé que des imprécations ?

Je ne prétends pas qu'elles aient tout à fait tort, je comprends les fautes de l'ancien régime, je ne les excuserai pas plus que je ne chercherai à les grossir. Jamais je n'écouterai les gens qui ne peuvent trouver d'injures assez piquantes pour qualifier tout règne disgracié, parce qu'ils agissent poussés par la rancune et l'aversion. Les jugements exigent la réserve s'ils ne veulent pas perdre leur autorité, c'est pourquoi je parlerai posément des causes de la décadence impériale.

Je citerai premièrement l'avénement des libertés.

Au Corps législatif, la gauche revendiquait beaucoup d'entre elles, en prétendant que l'Empire n'était que leur geôlier.

Combien durèrent ces tempêtes oratoires, qui dénotaient la haine ! Tant de récriminations devaient être, hélas ! écoutées ; le gouvernement sentit ses appréhensions se valider au contact du terrain sur lequel l'avait amené sa crédulité, et qui n'était qu'un brasier ardent.

Par sa résistance il avait gardé l'écueil, il avait pour lui le prestige et il le laissait s'évanouir.

La population sensée prouva qu'elle ne pouvait jouir du privilége des libertés égorgées.

Les membres de la Chambre qui les demandaient avec le plus de violence, présumaient-ils que de leurs instances sortirait une étincelle dont le feu atteindrait la France avec Napoléon?

Un moment on eût pu croire à un mouvement inoffensif; pas du tout, c'était le début d'une fièvre intermittente qui allait s'inoculer dans les veines de la populace. Tant que les représentants du pays se formeront en groupes distincts accusant chacun une nuance politique, il n'y aura jamais de stabilité et la France restera ce qu'elle a été, un appât que l'on se dispute. Derrière la plus avancée de ces fractions se cachait la sédition organisée.

Il en fut qui s'empressèrent de profiter de la condescendance du pouvoir pour le déprécier; ils ne se courbaient pas plus devant les convenances que devant la rudesse du problème à résoudre : ils attaquaient l'Empereur jusque dans sa vie privée en entassant mensonges sur mensonges.

Ah! c'est qu'il est très-infâme de régner, pour ceux qui veulent vous supplanter!

Le gouvernement n'était pas vilipendé parce qu'il était impérial; tout autre eût été aussi maltraité : il était poursuivi par des énergumènes, qui ne se taisent que parvenus au faîte des honneurs ou au bagne.

Le peu de fermeté de l'Empire était dérisoire; s'il avait fait châtier les rebelles et les agitateurs, il aurait maintenu son autorité.

L'inaction, dans ce cas, devient une maladresse;

la clémence est superflue alors qu'elle ne peut ni toucher ni convertir.

Que pouvaient lui promettre des sentiments d'insurgés ?

Il eût repoussé le flot écumant sans son affaiblissement, qui ne le rendait plus suffisamment sûr de lui-même, et à l'instar d'un malade dont le moral est affecté, il languissait avant la crise suprême. Telles ont été les prouesses de la liberté sous Napoléon.

L'effectif de l'armée prussienne lui était-il inconnu?

Une brochure, écrite par lui deux mois avant la guerre, ne le prouve pas.

Ces quelques pages donnent des détails précis à ce sujet; laissez-moi reproduire ici textuellement quelques passages de cet aperçu, intitulé *Une mauvaise économie.*

« Le budget de la guerre, dit en commençant l'auteur, est toujours en butte aux attaques de ces esprits à courte vue, qui, pour se donner un vernis de popularité, ne craignent pas de désorganiser notre armée, sans réussir toutefois à alléger notablement les charges budgétaires, En présence de l'Europe armée, ils n'osent pas, et avec raison, porter la main sur les éléments principaux de nos forces nationales; mais ils s'efforcent de diminuer quelques branches d'un service important, de sorte que l'économie qu'ils réalisent est insignifiante, tandis

que la perturbation qu'ils introduisent dans l'orga-
nisation de l'armée est immense. Par le passé qu'on
juge de l'avenir. »

« En 1865, les pouvoirs publics exercèrent une
véritable pression sur les ministres de l'Empereur,
afin d'obtenir des réductions sur les budgets de la
guerre de 1866. L'Empereur et le maréchal Ran-
don, ministre de la guerre à cette époque, résis-
tèrent longtemps; mais enfin, vaincus par des
sollicitations incessantes, ils consentirent aux sup-
pressions suivantes. »

Vient la liste des régiments supprimés. « En
résumé, ajoute-t-il, 1,268 officiers furent mis à la
suite, et si la mesure eût été maintenue, l'avance-
ment eût été arrêté pour bien des années. Néanmoins un grand découragement se répandit dans
l'armée, ce fut le seul résultat que l'on obtint. »

« La conséquence de ces mesures d'économie, mes-
quines et mal entendues, fut désastreuse ; la France
ne put jouer un rôle digne d'elle au milieu des évé-
nements qui se préparaient à cette époque, et notre
considération dans le monde en souffrit. En effet,
la guerre éclata bientôt entre l'Autriche et la Prusse.
Certes, l'influence de la France fut assez forte pour
arrêter le vainqueur aux portes de Vienne, mais sa
voix eût été mieux écoutée si, au lieu d'être sur le
pied de paix le plus regrettable, nous eussions été
prêts à faire la guerre. Aussi le sentiment public

comprit-il bientôt le danger que notre pays avait couru en négligeant son armée. »

« Ainsi les réductions opérées en 1865 désorganisèrent nos forces sans procurer d'économies notables.

« Elles nous obligèrent, en face de l'Europe armée, à prendre une autre attitude que celle qui aurait peut-être convenu à la France. »

Il termine en ces termes :

« L'armée de l'Allemagne du Nord dispose donc de douze contingents, dont l'effectif total s'élève à 895,000 hommes.

« Que l'on compare l'état militaire de l'Allemagne du Nord au nôtre et qu'on juge si ceux qui veulent encore réduire nos forces nationales sont bien éclairés sur les intérêts du pays ! »

Napoléon ne se trompait pas : l'Empire était à la merci de ses antagonistes.

Sous prétexte d'excellentes réformes ils lui préparaient un gouffre !

Sur ces entrefaites, le roi Guillaume réussit à nous faire déclarer la guerre à la Prusse ; c'était de la ruse ou je ne m'y connais pas ; de cette façon, il put dire à ses sujets : Vous le voyez, la France nous fait la guerre.

Le subterfuge avait réussi.

Napoléon n'avait pas su écarter le piége qu'on lui tendait.

Avec 300,000 hommes, pouvait-il tenir en échec une masse d'un million d'hommes ?

S'il savait pertinemment que nous n'étions pas prêts, pourquoi n'avoir pas différé jusqu'à ce que nous le fussions ?

Il avait cédé à son emportement, taquiné de tous côtés ; il était devenu l'hôte abasourdi de l'infortune à un tel point qu'il ne parvint pas à faire prévaloir la sonnante réalité.

Rendons-nous cependant à l'évidence et constatons que l'Empire fit de grandes choses. En dépit des malveillantes imputations, la postérité ne le souillera pas par des calomnies.

La vérité seule surnage ; elle vient confondre la perversité qui s'éclipse.

M. Rouher restera un modèle d'éloquence ; M. Haussmann un administrateur de haute distinction ; M. Magne un adroit financier. Ne négligeons pas ceux qui ne sont plus : MM. Billault, Walewski, Delangle, Baroche, de Latour d'Auvergne, de Morny, Troplong, tous anciens dignitaires de talent.

Ceci constaté en passant, revenons à notre thèse et reconnaissons que la guerre ressemble au jeu. Le hasard vous sourit-il, vous n'avez pas de répit jusqu'à ce qu'il soit las de vous charmer. Vous est-il défavorable, vous êtes le jouet de la vengeance qui vous entraîne d'étape en étape jusqu'au repentir.

Vous ne pouvez en douter non plus, le militarisme absolu n'admet pas la plus essentielle des libertés, qui laisse chacun disposer de lui-même. La nation régie par lui est-elle plus libre qu'esclave?

Consultez-vous et prévoyez ce que penseront de vos actes ceux qui seront appelés à les relater !

Apprécieront-ils à votre avantage, toutes ces guerres comme on n'en vit jamais et que votre manque d'initiative a fait éclater?

Croyez-vous qu'ils les approuveront, si vous ne rachetez, par un élan régénérateur, votre inertie qui ne vous a valu que la servitude exploitée par les gouvernements qui vous ont forcés à vous transpercer les uns les autres? Leurs infernales tendances ont occasionné ces tueries. Écriez-vous : Bourreaux de nos pères, de nos fils, de nos frères, demeurez impuissants et soyez maudits. Le torrent dans lequel s'engloutissent les vainqueurs après les vaincus rencontrera sur son passage la digue inébranlable de vos saintes volontés.

Oui, tout vous engage à instituer un tribunal ou à prendre la résolution de renoncer irrévocablement à la guerre sans entente avec l'étranger. Avoir la facilité d'arrêter l'insensée et la laisser continuer sa route impie, c'est attirer sur soi sa colère et sa rage ; c'est dire à l'univers : Nous tous, peuples, il nous convient de succomber en barbares, en descendants d'Attila !

Montrez que vous êtes civilisés.

N'hésitez pas à déployer l'étendard de la paix définitive, car avec l'énergie que procure la foi reposant sur d'aussi nobles sentiments, vous étoufferez la flamme incendiaire du fatal flambeau et vous aurez conquis la félicité, puis l'inestimable reconnaissance des générations futures !

Clichy — Imp. P. Dupont, rue du Bac-d'Asnières, 12 (1037 11-1)

www.ingramcontent.com/pod-product-compliance
Lightning Source LLC
Chambersburg PA
CBHW051414060726

47596CB00005B/2219